AF312817

LE DERNIER MOT

SUR L'ORIGINE PARISIENNE

DE

CYRANO

AVEC EXPLICATION DE SON SURNOM

DE

BERGERAC

PAR

A. DUJARRIC-DESCOMBES

Licencié en droit, Officier d'Académie,
Vice-Président de la Société
Historique et Archéologique du Périgord,
Membre correspondant
des Sociétés archéologiques et Historiques
de la Charente et du Limousin,
et de la Société Philotechnique.

RIBÉRAC

IMPRIMERIE, LIBRAIRIE, RELIURE CAMILLE CONDON
22, Place Nationale, 22
1889

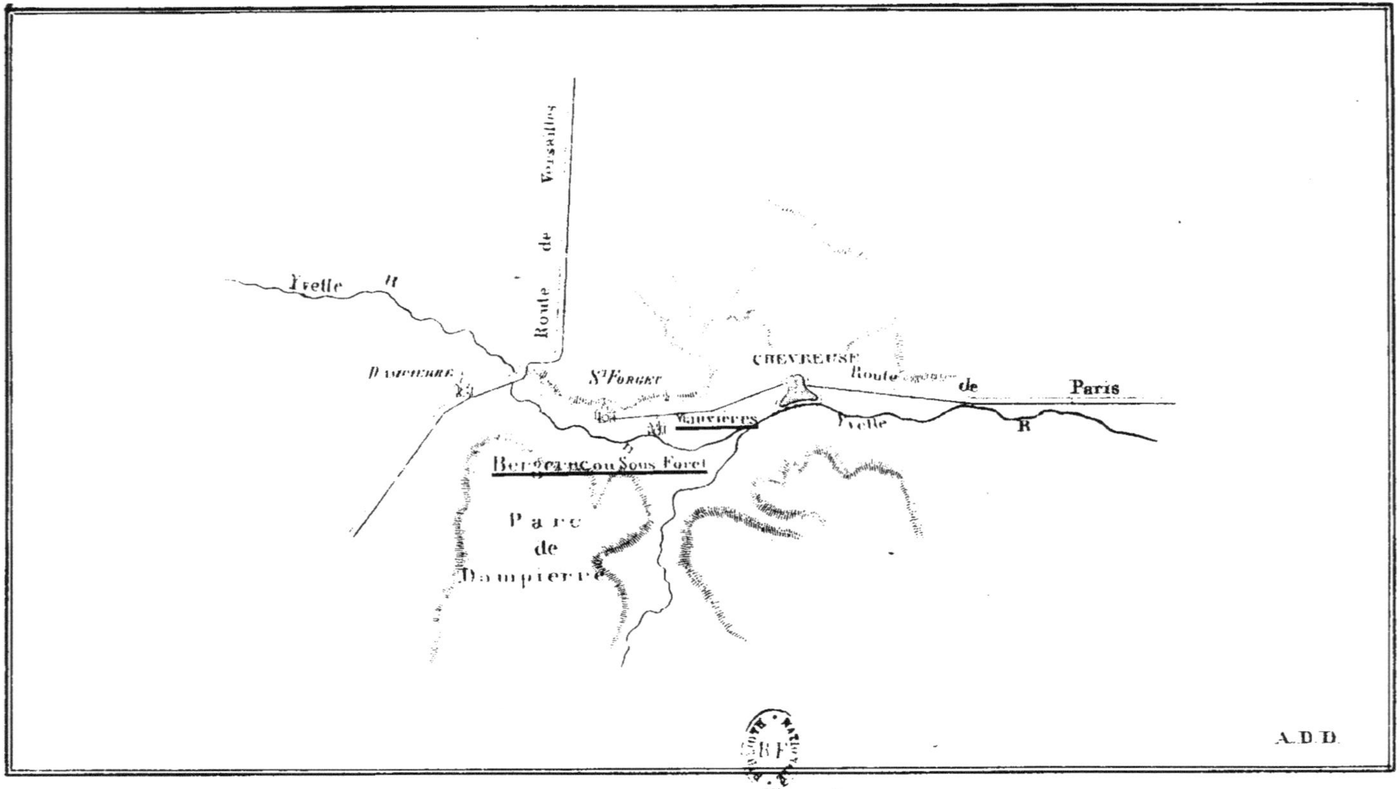

POSSESSIONS DE LA FAMILLE CYRANO DANS LE DUCHÉ DE CHEVREUSE EN 1601.

LE DERNIER MOT

SUR L'ORIGINE PARISIENNE DE

CYRANO

AVEC EXPLICATION DE SON SURNOM DE

BERGERAC

PAR

A. DUJARRIC-DESCOMBES

Licencié en droit, Officier d'Académie,
Vice-Président de la Société
Historique et Archéologique du Périgord,
Membre correspondant
des Sociétés archéologiques et Historiques
de la Charente et du Limousin,
et de la Société Philotechnique.

RIBÉRAC
IMPRIMERIE, LIBRAIRIE, RELIURE CAMILLE CONDON
22, Place Nationale, 22
1889

DE L'ORIGINE ET DU SURNOM

DE

CYRANO-BERGERAC

Le sujet que nous abordons n'est pas nouveau. A diverses fois déjà, nous avons essayé de prouver que CYRANO-BERGERAC ne devait appartenir, en aucune façon, au Périgord. Rien, en effet, ne l'y rattache, ni la naissance, ni le nom, ni les liens de parenté, ni les relations, ni la possession de propriétés foncières par sa famille ou par lui-même. Nous avons produit, dans la discussion, l'acte même de la naissance de CYRANO, que nous aurions pu accompagner du tableau généalogique de sa famille, parisienne comme lui. Nous ne sommes pas, néanmoins, parvenu à porter la conviction dans tous les esprits ; car CYRANO a continué de plus belle à figurer au nombre des « célébrités bergera-coises » (1).

---

(1) Emile Labroue, *Bergerac sous les Anglais. Essai historique sur la commune de Bergerac*, Sauveterre, Cholet, 1879. — Adolphe Joanne : *Géographie du département de la Dordogne*, p. 26, etc.

Un littérateur qui, sous le titre de *Périgord Littéraire*, avait eu la pensée de produire une série d'études sur divers auteurs du Périgord, M. N. Fourgeaud-Lagrèze, a commencé ainsi sa notice sur *Savinien de Cyrano-Bergerac* :

« Certains écrivains modernes font naître Cyrano à Paris, je ne l'ignore point. Ses contemporains, au contraire, s'accordent tous à nous le représenter comme un auteur gascon, gascon d'esprit et de caractère autant que de naissance. Et puis, que signifierait ce surnom de Bergerac, s'il avait été parisien ?

« Pourquoi donc hésiter à le ranger parmi nos célébrités périgourdines ? Car s'il n'est pas pleinement démontré que nous en ayons le droit, il est encore moins prouvé que nous devions l'exclure. Notre terroir a été fertile en hommes qui se sont illustrés dans les lettres : un de plus, un de moins, et nous ne serions ni beaucoup plus riches, ni beaucoup plus pauvres, mais pour nous résigner à l'abandon qui nous est demandé, il faudrait que la demande fût justifiée de manière à ne laisser subsister aucun doute sur sa légitimité. Ce n'est pas tout à fait le cas » (1).

Ces lignes avaient paru dans un journal de Ribérac ; mais, lorsque l'auteur fit faire le tirage en brochures de sa notice, si pleine d'érudition et de critique, il ne voulut rien changer au passage relatif à l'origine de Cyrano, et, comme pour en atténuer l'effet, il le fit précéder d'un *avertissement*, où il disait :

« M. Dujarric-Descombes eut-il raison, et devrions-nous rayer définitivement le nom de Cyrano

---

(1) Ribérac, Condon 1875, p. 6.

de la liste des célébrités périgourdines, comme il le veut, que je n'en conserverais pas moins une place dans mon *Périgord Littéraire*, à l'auteur du *Voyage dans la Lune*, non point par une obstination rebelle à toute évidence, mais par respect pour une possession d'état deux fois séculaire ».

Il est vrai qu'en présence d'un acte authentique, il n'était plus permis de garder des doutes sur la naissance de Cyrano à Paris ; mais il restait cette question du surnom de Bergerac, que nous n'étions pas alors en mesure d'élucider complètement. Ce sera l'objet du présent mémoire où, après avoir à nouveau résumé les preuves de l'origine toute parisienne de Cyrano, nous donnerons cette fois, d'une manière définitive, la véritable interprétation de son surnom.

I

YRANO, que Théophile Gautier a placé parmi ses *grotesques*, a été de tout temps, de son vivant même, regardé comme gascon ; sa littérature, sa fière tragédie de *La Mort d'Agrippine*, sa piquante comédie du *Pédant joué*, ses *Lettres* folles et gaies, son humoristique *Voyage à la Lune*, sa bravoure proverbiale semblaient dénoter une certaine fibre méridionale. Mais ce qui a surtout contribué à le faire passer pour tel, c'est qu'il s'enrôla dans les cadets du régiment des gardes où il fut admis dans la compagnie de M. Carbon Castel-Jaloux, presque entièrement composée de gascons : enfin le surnom qu'il prit depuis, De Bergerac, finit par le faire naturaliser comme enfant de la Gascogne.

Il ne fallut pas autre chose pour faire de Cyrano un citoyen de la ville périgourdine de Bergerac sur Dordogne. Les frères Parfaict, dans leur *Histoire du Théâtre Français,* crurent devoir y placer son berceau, et, après eux, la foule des biographes et éditeurs de l'écrivain a reproduit à l'envi cette assertion erronnée.

Le Périgord ne tarda point, par suite, à s'approprier cette célébrité nouvelle. Bergerac, sa prétendue ville natale, donna à une rue son nom qu'elle s'obstine à lui conserver. Périgueux avait suivi cet exemple : après la publication de notre premier essai sur la question qui nous occupe (1), l'édilité s'empressa de substituer au nom de la rue CYRANO celui des *Mobiles-de-Coulmiers,* qui rappelait la bravoure des enfants de la Dordogne. La liste serait longue des publications et articles consacrés en Périgord à CYRANO. Un journal littéraire y a été fondé sous son nom ; son blason a été placé, par M. A. DE FROIDEFOND, dans l'*Armorial de la noblesse du Périgord* (1858) ; en 1867, l'auteur du *Pédant joué* fut, au théâtre de Périgueux, l'objet de conférences, imprimées depuis, par notre ancien professeur, M. EUGÈNE MAGNE, l'élégant traducteur de l'*Anthologie dramatique du théâtre grec.* On peut citer encore la brochure de M. F. MÉRILHOU: *Cyrano de Bergerac* (1856), et celle de M. FOURGEAUD-LAGRÈZE, dernière en date, *Savinien de Cyrano-Bergerac, né à Bergerac, en 1620, mort en 1655* (1875). C'est ainsi que, pendant deux siècles, le Périgord a joui en sécurité de la possession incontestée de cette vieille gloire de CYRANO, qui était devenu

---

(1) *Quelques mots sur l'origine et la naissance de Cyrano de Bergerac,* Périgueux, Dupont, 1874.

comme l'une des figures les plus populaires de la galerie des grands hommes périgourdins.

Il faut reconnaître cependant qu'à diverses reprises quelques doutes avaient été soulevés.

M. Le Blanc et le bibliophile Jacob, tout en faisant, en tète de leurs éditions des œuvres de Cyrano (1855 et 1858), naître l'auteur « dans une ville du Périgord, probablement à Bergerac », avaient tenu à constater que les registres de l'état-civil de cette ville ne faisaient aucunement mention de sa naissance.

Chez nous, M. l'abbé Audierne a ouvert le premier une porte aux conjectures. Comme M. Sauveroche dans son célèbre *Discours sur les célébrités du Périgord* (1835), il a fait figurer Cyrano dans son *Périgord illustré* (1851), mais avec cette réserve :

« Le Périgord s'approprie Cyrano, dit-il, parce qu'on le croit né à Bergerac sur Dordogne. Mais nous devons avouer que nous n'avons trouvé dans cette ville aucun souvenir traditionnel en notre faveur. »

Dans sa notice sur l'*Arrondissement de Bergerac*, M. Dessalles, suivant l'erreur de ses devanciers (1), avait fait naître Cyrano à Bergerac. Voici comment lui répondit, à ce sujet, l'érudit comte A. de Larmandie :

---

(1) Parmi lesquels M. Cayla, dans sa *Notice sur la ville de Bergerac (Annales Agricoles et littéraires de la Dordogne*, année 1843, p. 253) : et M. de Roumejoux, dans le *Chroniqueur du Périgord et du Limousin* (année 1854, p. 89), dont la notice est accompagnée des portrait et blason du poète, dessinés par M. A. de Froidefond.

« Je vois que M. Dessales fait naître Cyrano à Bergerac, en l'année 1620. C'est possible. Oui, il a pu y naître accidentellement et en l'année précitée. Mais d'où était-il, d'où venait-il, quelle était cette famille? Jusqu'ici personne ne l'a su... Croyez-vous qu'on ne puisse retrouver la trace de nos familles marquantes depuis cette époque?... Pas une, pas une seule que l'on ne retrouve, dont il n'y ait quelque trace! Et s'il était de condition obscure ou modeste, pourrait-on dire que sa famille n'eût reçu aucune illustration de ses services, de sa carrière militaire, ouvrages, réputation littéraire, comme aussi de son incontestable bravoure, de ses nombreuses et heureuses rencontres l'épée à la main? De cette épée qu'il maniait encore mieux que la plume? Non. Tout ceci est inadmissible : et il faut en conclure que ce n'était pas un enfant du pays, mais seulement qu'il a du y séjourner durant son enfance et y recevoir les premiers éléments de son éducation » (1).

Les mêmes doutes étaient partagés par M. le docteur Galy. Lorsqu'à son exposition des beaux-arts, en 1864, la ville de Périgueux plaça dans la galerie des célébrités locales le portrait sur toile de Cyrano, le regretté directeur du musée fit suivre la mention de ce tableau de cette annotation : « *On le croit* né à Bergerac », ne voulant pas prendre sur lui de conférer au poëte le baptême périgourdin (2).

Ainsi a commencé à être ébranlée cette « tradition généralement reçue » qui faisait naître Cyrano à Bergerac, tradition qui, d'après le dernier historien de notre auteur, « équivaut presque à une certitude. »

---

(1) *Le Périgord*, n° du 1er juillet 1865 : *Examen de la notice de M. Dessalles sur la ville de Bergerac.*

(2) *Catalogue de l'Exposition des Beaux-Arts de Périgueux*; Périgueux, Bounet, 1864, page 104, n° 832.

Elle ne saurait, quoi qu'on dise, fournir en la matière aucun fondement solide ; car, comme l'a fait observer un bibliothécaire distingué de Périgueux, « si l'auteur du *Voyage dans la Lune* était né en Périgord, la ville de Bergerac en aurait conservé le souvenir ; sa famille y aurait laissé quelques traces, on l'y trouverait établie, elle aurait contracté des alliances dans la province et son nom y serait resté. Rien de tout cela n'existe ».

Comme s'il s'était repenti d'en avoir trop dit et pour mettre son patriotisme à l'abri de tout soupçon, M. Léon Lapeyre se hâtait d'ajouter à cet aveu échappé de sa plume :

« En élevant quelques doutes sur le lieu de naissance de Cyrano, nous n'avons été guidé que par l'amour de la vérité. Nous n'avons pas la prétention d'avoir prouvé d'une manière certaine que cet écrivain n'appartenait pas au Périgord. Notre pays y perdrait une de ses célébrités. Nous avons voulu seulement provoquer des recherches sur cette question, dont sans doute on trouvera un jour la solution décisive. »(1).

C'est à M. Jal, ancien archiviste de la municipalité de Paris, qu'appartient tout l'honneur de cette découverte. Il s'est montré, le premier, curieux de rechercher des pièces authentiques qui pussent nous fournir des indications précises sur les parents de Savinien de Cyrano, dit de Bergerac, la date et le lieu de sa naissance, et fut assez heureux pour mettre la main sur une série d'actes qui ont fait connaître son grand'père dont il garda le prénom, sa grand'mère,

---

(1) *Notes manuscrites sur Cyrano-Bergerac,* à la bibliothèque publique de Périgeux.

son père, sa mère, ses frères, une tante, enfin d'autres personnes de sa maison : sujet sur lequel les biographes avaient gardé le silence avant lui.

Il n'y avait plus dès lors le moindre doute possible sur l'origine de CYRANO, considéré jusqu'alors comme originaire des bords de la Dordogne. Il était prouvé, d'une manière irréfutable, qu'il était né d'un père parisien et d'un grand'père parisien.

Les actes qui établissaient cette filiation purement parisienne étaient consignés dans les registres des paroisses de Paris. Ils ont péri au mois de mai 1871 dans les incendies allumés par les brigands de la Commune et qui ont consumé tout l'immense dépôt d'archives municipales placé à l'avenue Victoria. Heureusement l'intelligent M. JAL en avait tiré une grande quantité de pièces intéressantes publiées dans cet inappréciable recueil qui a immortalisé son nom (1). Il n'est pas un écrivain parisien qui n'ait eu l'occasion de recourir à cette précieuse collection que la ville de Paris avait réunie et qui a maintenant disparu pour jamais. Il doit se contenter des trop rares extraits faits par M. JAL, extraits dont l'authenticité est aussi inattaquable que celle du *Bulletin des lois* ou du *Trésor des chartes.*

A l'occasion de la réprésentation de *La mort d'Agrippine*, donnée à Paris par notre compatriote feu M. BALLANDE, le 10 novembre 1872, sur le théâtre de la Gaîté, M. AUGUSTE VITU fit une conférence justement applaudie, où il revendiqua hautement pour Paris le berceau de l'auteur de cette tragédie.

---

(1) *Dictionnaire critique de biographie et d'histoire*, page 463.

« CYRANO, dit-il, que des hommes qui s'y connaissaient avaient surnommé le démon de la bravoure, tint à honneur de se montrer plus gascon à lui seul que la Gascogne entière, et il y parvint aisément, car ce gascon fiieffé était... un Parisien...

« Oui, messieurs, un Parisien ; j'en suis fâché pour les biographes qui, sur la foi de son nom, l'ont fait compatriote de l'illustre baron DE CRAC... »

Cette conférence nous a valu un excellent travail et une jolie brochure de M. VITU, qui a établi d'une manière définitive l'origine parisienne du poëte (1). A l'aide des actes recueillis par feu M. JAL, dans les archives de la ville de Paris, il a dressé l'arbre généalogique des CYRANOS, et a développé ces éléments en les fortifiant de quelques détails dus à ses recherches personnelles et en rectifiant certaines erreurs échappées à son devancier.

Le grand'père de CYRANO, son aïeul le plus anciennement connu, a servi de point de départ à des recherches généalogiques, dont nous offrons ici un simple résumé :

1° Messire SAVINIEN DE CYRANO, conseiller et secrétaire du roi, maison et couronne de France, le 9 mars 1571 ; auditeur des comptes en 1573 ; non reçu et remplacé le 25 juin 1574 ; marié à ANNE LE MAIRE, dont il eut cinq enfants, *tous nés à Paris* : ABEL, qui suit : PIERRE ; SAMUEL ; ANNE, femme de JACQUES STOPPART, trésorier des offrandes et aumônes du roi ; CATHERINE, prieure du couvent des filles de la Croix, rue de Charonne ;

---

(1) *La mort d'Agrippine, veufve de Germanicus, tragédie de Cyrano-Bergerac, conférence faite au théâtre de la Gaité dans la matinée littéraire du 10 novembre 1872, avec notices et pièces justificatives.* Paris, Jouaust, 1875, p. p. 59 — 77.

2° Noble homme ABEL DE CYRANO, écuyer, sieur de MAUVIÈRES, marié à Paris, paroisse Saint-Gervais, le 3 septembre 1612, avec damoiselle ESPÉRANCE BERANGER ou BELLANGER. Ils étaient morts l'un et l'autre en 1649. Ils eurent sept enfants, *tous nés et baptisés à Paris* : ABEL II, sieur de MAUVIÈRES, né vers 1613, marié à MARIE MICHELLE MARCY, qui continua la descendance des CYRANOS dont le dernier rejeton s'éteignit vers 1738 ; DENIS, baptisé le 13 mars 1614 ; ANTHOINE, le 11 février 1616 ; HONORÉ, le 3 juillet 1617 ; MARIE, mariée en 1644 à JEAN DE SERRES, et ANNE, mariée aussi à Paris à CHARLES DE POUSSEMOLTE.

Là s'arrête la liste des enfants d'ABEL CYRANO DE MAUVIÈRES, baptisés à l'église Saint-Eustache.

Dans cette liste ne figurait point un autre enfant qui portait le nom de SAVINIEN. Où le trouver ? A Bergerac, en Périgord, peut-être, les biographes étant d'accord pour faire naître vers 1620, au château de Bergerac, notre SAVINIEN ? Dans cette incertitude, M. JAL écrivit au maire de Bergerac, le priant de faire chercher le baptistaire de SAVINIEN CYRANO. M. GONTIER DE BIRAN-LAGRÈZE, maire, lui répondit, le 1ᵉʳ février 1860, que les registres paroissiaux de Bergerac, déposés à l'Hôtel-de-Ville, ne remontaient pas au delà de 1656, le reste ayant disparu.

M. JAL pensa alors qu'il pouvait en être de CYRANO-BERGERAC comme de TOURVILLE, de LA BRUYÈRE, de QUINAULT et d'autres encore que l'on a vu nés à Paris, quand il est constant qu'ils sont nés à Tourville, à Dourdans, à Felletin ou ailleurs ; et il se remit à l'œuvre. Enfin, après de longues peines, il parvint à découvrir qu'Abel de Cyrano avait quitté le quartier Saint-Eustache qu'il habitait à Paris, rue des Prouvaires, pour celui de Saint-Sauveur, et qu'Espérance Bellanger, son épouse, était accouchée dans son nouveau logis d'un garçon, dont voici l'acte de baptême :

« Le sixiesme mars mil six cent dix-neuf, Savinien, *fils d'*Abel de Cyrano, *escuier, sieur de Mauvières, et de damoiselle* Espérance Bellanger ; *le parrain, noble homme* Antoine Fanny, *conseil^{er} du Roy et auditeur en sa chambre des Comptes, de cette paroisse ; la marraine, damoiselle* Marie Fédeau, *femme de noble homme M^e* Louis Perrot, *conseil^{er} et secrétaire du Roy, maison et couronne de France, de la paroisse Saint-Germ.-l'Auxer. ».*

Ce fils d'Abel de Cyrano, à qui l'on ne donnait pas le nom d'Antoine, qui était celui de son parrain, parce qu'il avait un frère de ce nom, mais que l'on nommait Savinien en mémoire de son grand'père, n'était autre que le Savinien Cyrano né, selon les biographes, au château de Bergerac, vers 1620.

Il est inutile de compléter ici le tableau généalogique dressé par M. Vitu, comprenant 21 membres de la famille Cyrano, tous parisiens, sans en excepter un seul.

« Voilà donc établis, conclut M. Jal., d'une manière définitive et en dehors de toute hypothèse plus ou moins hasardée, l'époque et le lieu de la naissance de l'écrivain que Boileau nomme Bergerac en louant jusqu'à un certain point sa « burlesque audace », et qui, lui-même, en 1654, signa la dédicace de ses ouvrages : « De Cyrano-Bergerac », bien qu'il ne fut point seigneur de Bergerac et que cette petite ville ne fut point un fief appartenant aux Cyranos, comme on le voit chez le père Anselme ».

L'Auteur du *Pédant joué*, de *la Mort d'Agrippine*, du *Voyage dans les empires de la Lune et du Soleil* est ainsi un enfant de la capitale, né à quelques centaines de mètres de la maison où naquit, presque trois ans après lui, ce fils du marchand tapissier POQUELIN, à jamais célèbre sous le nom de MOLIÈRE.

Un contemporain de CYRANO, l'infatigable traducteur des classiques latins, l'abbé de VILLELOIN, MICHEL DE MAROLLES, l'avait avancé déjà sans qu'on y prit garde. « *Un jeune homme de Paris*, dit-il dans ses *Mémoires*, *appelé* CYRANO, qui n'avait que trop de cœur et d'esprit, parce qu'il le portait quelquefois dans l'excès, me donna son livre du *Voyage de la Lune*, qui est une pièce ingénieuse, et sa tragédie d'*Agrippine* ».

Enfin, CYRANO l'avait dit lui-même dans son *Voyage* à la lune :

« Mon démon s'estant muny des choses nécessaires pour un si grand voyage, me demanda en quel endroit de mon pays (la terre) je voulois descendre. Je luy dis que la pluspart des riches enfans de Paris se proposant un voyage à Rome une fois en la vie, n'imaginant pas après cela qu'il y eust rien de beau ny à faire ny a voir, je le priois de trouver bon que je les imitasse » (1).

Personne n'avait remarqué ce passage. « Si peu de gens, observe justement M. VITU, lisent les livres dont tout le monde parle ! »

---

(1) *Histoire Comique ou Voyage dans la lune* (édition Jacob), Paris, Delahays, 1858, page 120.

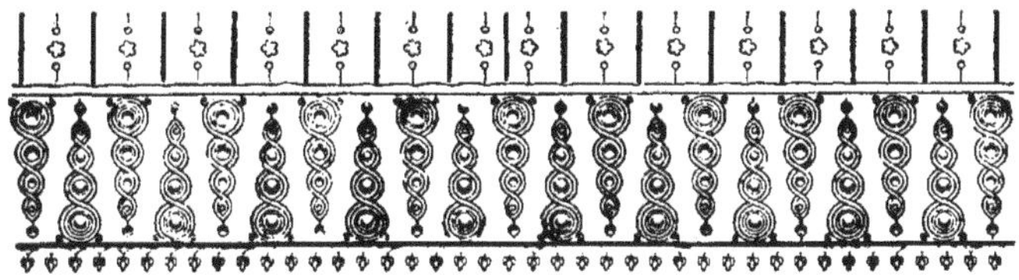

II

Puisque CYRANO était bel et bien parisien, pourquoi aurait-il pris le surnom de BERGERAC ? N'étant pas originaire du Périgord, avait-il eu des relations avec cette province et, en particulier, avec la ville de Bergerac, dont le nom seul a induit en erreur la plupart des littérateurs et biographes ?

On a remarqué, avec raison, que CYRANO n'avait pas toujours été d'accord avec lui-même dans la manière de signer son nom : ainsi, comme on le voit dans ses *Lettres*, il signe ordinairement DE BERGERAC tout court, ou bien il se désigne seulement par les initiales D. C., comme s'il ne voulait pas compromettre son véritable nom de CYRANO, en l'attachant à des œuvres légères et peu sérieuses. Dans la première édition de ses *Œuvres diverses*, il s'intitule tour à tour M. DE BERGERAC, M. DE BERGERAC CYRANO, et enfin M. DE CYRANO BERGERAC ; il s'arrêta depuis lors à cette dernière façon d'écrire son nom, quoique ses contemporains l'appelassent indifféremment DE BERGERAC DE CYRANO ou bien DE CYRANO DE BERGERAC. Cette variation dans les noms lui attira un jour les plaisanteries de SCARRON.

Quelle était la raison qui autorisait ainsi CYRANO à ajouter à son nom celui de BERGERAC ?

Pour M. VITU, BERGERAC serait « un nom de guerre, rien de plus, rien de moins », choisi pour rimer avec ceux des gentilshommes gascons qui formaient la compagnie de M. DE CASTEL-JALOUX, où il s'enrôla.

Selon d'autres, et c'est là le vrai motif de ce surnom de BERGERAC, CYRANO ne fit que se conformer à un vieil usage dans les familles bourgeoises et de petite noblesse, en ajoutant à son nom celui d'une terre ou d'un fief qu'aurait possédé sa famille. Ce fut pour se distinguer de ses parents du même nom qu'il joignit à son nom patronymique celui de BERGERAC.

Les premiers biographes, moins scrupuleux que nos contemporains, ne se sont pas évertués à chercher ailleurs que sur les bords de la Dordogne ce fief de Bergerac, propriété de la famillle CYRANO.

« CYRANO (SAVINIEN) BERGERAC, disent-ils avec les frères PARFAICT, servilement copiés par eux, naquit, vers l'an 1620, à Bergerac, en Gascogne, lieu dont il a joint le nom au sien, en s'appelant CYRANO-BERGERAC, et non point de BERGERAC, comme il paraît plus naturel de le faire. »

« Peut-être, dit encore M. JAL, CYRANO DE MAU-VIÈRES avait à Bergerac une propriété qui autorisa

Savinien à prendre le nom de Bergerac pour se distinguer de ses parents. »

L'adjonction au nom patronymique du nom de la ville ou du lieu natal était, en effet, très usitée alors, surtout en Languedoc et en Périgord ; ce nom d'emprunt, comme le fait remarquer le bibliophile Jacob, suppléait au nom de fief ou de seigneurie qu'on n'avait pas à donner à un enfant, et il finissait souvent par devenir inséparable du nom de famille, s'il ne le remplaçait pas tout-à-fait.

Pour ce qui regarde Cyrano, la ville de Bergerac sur Dordogne est absolument étrangère à la question ; car la ville de Bergerac en Périgord n'a jamais constitué une seigneurie particulière, et il est certain que les archives de cette ville ne mentionnent nulle part le nom de la famille Cyrano.

Un fait qui prouve bien que Bergerac était un simple nom de terre, c'est qu'un autre Cyrano que Savinien, un de ses neveux, l'a porté sous cette forme : Pierre de Cyrano, *sieur de Bergerac* (acte de mariage du 2 mars 1699). Or, à cette date, Bergerac en Périgord relevait nûment de la couronne de France et n'appartenait en fief d'aucune façon à un cadet de famille parisien.

Où donc trouver ce fief de Bergerac ?

C'est sur ce point que tous les biographes se sont trompés jusqu'à ce jour. Notre érudition contemporaine ne se contente plus, comme l'a dit un sympathique écrivain (1), qui a rendu compte avec

---

(1) M. Justin Bellanger, dans le *Bulletin de la Société historique et archéologique du Périgord,* tome VI, p. 365.

esprit de nos premières recherches à la Société Philotechnique, de ces sortes d'assertions formulées à la bonne franquette et dépourvues du cortège règlementaire des témoignages matériels.

Partant de ce point de départ que, d'après les gravures que l'on a du poète, sa physionomie paraît, comme son nom, purement bretonne, quelques-uns ont placé les lieux de Mauvières et de Bergerac en Bretagne, où effectivement il s'en est trouvé portant ces deux noms.

« Si l'on voulait à toute force, dit M. Vitu, que le nom de Cyrano fût un nom de terre, je n'irais pas en chercher l'origine au midi de la Loire, mais plutôt du côté de la Bretagne. Le premier et le plus authentique des quatre portraits gravés que possède le cabinet des estampes, présente à l'œil le moins exercé le type saisissant du Kymri breton. D'ailleurs, il y a eu des fiefs du nom de Bergerac en Bretagne et la seigneurie de Mauvières, appartenant au père de notre Cyrano, était située dans l'ouest de la France. »

« Son surnom, dit encore un moderne biographe (1), lui vient non pas de ce qu'on le croyait originaire du Périgord, mais bien d'un fief que son père possédait en Bretagne et dont il faisait hommage aux seigneurs de Mauvensi. »

Dans l'Ille-et-Vilaine, commune de la Mezière, on trouverait, en effet, un château de Mauvières, et Gourdon de Genouillac fait figurer, dans son *Dictionnaire des fiefs*, une petite seigneurie de

---

(1) *La Revue Catholique*, n° du 26 novembre 1882, page 6.

Bergerac en Bretagne. D'après le bibliophile Jacob, au contraire, ce serait en Berry (Indre), qu'il faudrait aller chercher le petit village de Mauvières, dont le frère cadet de Cyrano portait aussi le nom (1).

Il est vrai que le nom même de Cyrano rappelle une origine bretonne. Rien d'ailleurs ne vient s'opposer à ce que sa famille fût établie en Bretagne, avant que Savinien, le grand'père du poète, en devenant auditeur des Comptes, fût obligé, par sa charge, de résider à Paris, où se fixèrent désormais depuis tous ses descendants. Constatons, à l'appui de cette assertion, que l'on n'a pu découvrir avant ce Savinien, dont on a fixé l'apparition à Paris en 1571, aucun autre ascendant de cette famille, et que ce n'est pas sans motifs que la reine nomma, en 1594, un des fils de Savinien, Samuel Cyrano, abbé de Saint-Jean-des-Prés en Bretagne. Nous appelons sur ce dernier point l'attention des archivistes de cette province.

Les petits fiefs que les Cyranos ont pu tenir au xviie et au xviiie siècle, ne peuvent fournir aucune lumière sur l'origine ancienne de la famille, puisque, comme le fait justement remarquer M. Vitu, ces fiefs étaient d'acquisition récente, leur auteur, Savinien Ier, ne paraissant n'en avoir possédé aucun.

Une publication de M. Aug. Moutié, correspondant du ministère de l'instruction publique (2), a fait

---

(1) On lit dans *Dom Morice*, que le duc de Bretagne Jean V, acheta, en 1424, du maréchal de Retz, différentes terres et seigneuries, parmi lesquelles celles de La Mauvière, sans indication du nom de lieu *(Tome* I, page 528).

(2) Chevreuse. — Recherches historiques, archéologiques et généalogiques.

cesser toutes les incertitudes au sujet de la situation des fiefs de Bergerac et de Mauvières, sur laquelle les avis avaient été longtemps partagés. M. DE GOURGUES y a relevé le premier la note suivante, qui a facilité la solution décisive de la question, tant désirée par M. L. LAPEYRE :

« Fief de Sous-Forest, paroisse de Saint-Forget.— Vers 1601, noble homme ABEL DE CIRANO, escuyer, seigneur de Mauvières et de Bergerac, avoua tenir en plein fief de CHARLES DE LORRAINE, duc DE CHEVREUSE, le fief, terre et seigneurie, appelé le fief de Bergerac, qui anciennement s'appelait *Soubs-Foirets...*

» ABEL DE CIRANO et ESPÉRANCE BELLANGER, sa femme, vendirent leur terre de Mauvières et de Bergerac à ANTOINE BALESTRIER ».

Ainsi, plus de doutes possibles. Bergerac ou Sous-Forêts, et Mauvières étaient également de la petite ville de Chevreuse, à quelques lieues de Paris. Les père et mère de CYRANO avaient fait l'acquisition de ces deux domaines, dont les noms furent tour à tour portés par divers membres de la famille. Peut-être, comme le disait en 1875, dans sa communication à la société historique du Périgord, M. le vicomte A. DE GOURGUES, le nom de Bergerac, substitué alors à celui de Sous-Forêts, le fut-il par les CYRANOS pour faire revivre le souvenir d'une ancienne possession en Bretagne.

Quoi qu'il en soit, c'est en raison de ces fiefs seuls que les membres de la famille CYRANO prirent les titres de sieurs de Bergerac ou de Mauvières. Et s'il est vrai qu'ABEL DE CYRANO et ESPÉRANCE

Bellanger, sa femme, vendirent cette double terre,
ce ne fut qu'en souvenir d'un oncle qui avait illustré
la famille, qu'en 1699 Pierre de Cyrano put encore
s'intituler sieur de Bergerac.

En jetant aujourd'hui les yeux sur la carte de
l'Etat-major, on retrouvera sans peine, dans la commune de Saint-Forget, canton de Chevreuse,
arrondissement de Rambouillet (Seine-et-Oise), ces
deux anciennes localités de Mauvières et de Sous-
Forêts. La première est un château, et non pas
seulement un moulin, comme l'a indiqué M. Vitu
dans l'énumération des localités connues en France
sous ce nom ; et la seconde, qui a abandonné le nom
de Bergerac, imposé par la famille Cyrano pour
reprendre celui de Sous-Forêts, est un village ; elles se
touchent et sont distantes de moins de trois kilomètres
de Chevreuse, dont elles dépendaient l'une et l'autre
autrefois. La carte, dont nous accompagnons ce
mémoire, est destinée à en faire connaître la véritable
situation, et les détails suivants, qui les concernent,
sont empruntés aux recherches d'un archéologue de
la contrée (1).

Sous-Forêts, fief connu dès 1179, fut possédé
d'abord par les seigneurs de Méridon, puis par ceux
de Mauvières. « Il fut acheté vers 1601, dit
M. Morize, dont les découvertes purement locales
n'ont guère franchi les bornes de la Seine-et-Oise,
par Abel de Cyrano, et reçut le nom de Bergerac,
qu'il a porté pendant près de deux siècles. » Le
village de Sous-Forêts n'a pas plus d'une trentaine

---

(1) M. L. Morize : *Le canton de Chevreuse, notes topographiques, historiques et archéologiques*, Rambouillet, Raynal, 1869, p. 24.

d'habitants, il en dépend deux petits châteaux de construction moderne et qui appartiennent à des propriétaires différents.

Mauvières (*Malveriœ*), ancienne terre, qu'on trouve en 1236 dans les mains de SIMON DE MAUVIÈRE, chevalier, et en 1385 dans celles de H. DE BÉRIGNY, fut érigée en majorat de baronnie, en 1807, en faveur de M. MATHIEU, décédé en 1870. Elle appartient maintenant à Madame la duchesse DE GRAMONT-LESPARRE, née DE SÉGUR, dont le mari était général de division et frère de l'ancien ministre des affaires étrangères. Le château, construit au XVII° siècle, est assez grand et régulier, le parc présente de beaux ombrages et de vertes prairies.

C'est donc sur les bords de la petite rivière de l'Yvette, qui arrose ce site pittoresque à l'aide de plusieurs canaux, et non plus sur les rives fertiles de la Dordogne, qu'il faudra désormais aller chercher l'explication du surnom de CYRANO-BERGERAC.

Ribérac. — Imprimerie Camille Condon. — Ms. 89.